# MENSAJES ESPIRITUALES
## PARA
# *Mujeres*

Sabiduría femenina
para el ciclo menstrual

MIRANDA GRAY

aia Ediciones

Título original: *Spiritual Messages for Women:*
*Feminine Wisdom for the Menstrual Cycle*

Traducción: Inmaculada Morales

Diseño de cubierta: Rafael Soria

© 2012, Miranda Gray

Publicado por acuerdo con Miranda Gray, 2 Gainsborough Court, Lower
Pennington Lane, Lymington, Hampshire, SO41 8FU, Reino Unido

De esta edición:
© Gaia Ediciones, 2013
   Alquimia, 6 - 28933 Móstoles (Madrid) - España
   Tels.: 91 614 53 46 - 91 614 58 49
   www.alfaomega.es - E-mail: alfaomega@alfaomega.es

Primera edición: octubre de 2014

Depósito legal: M. 22.686-2014
I.S.B.N.: 978-84-8445-493-9

Impreso en España por:
Artes Gráficas COFÁS, S.A. - Móstoles (Madrid)

# AGRADECIMIENTOS

Me gustaría expresar mi más sincero agradecimiento a Dana-Sofie Šlancarová por su ayuda, energía y entusiasmo en el proceso de creación de este libro. Sin su contribución ¡estos mensajes estarían todavía en mi ordenador!

También quisiera agradecerle a mi marido su leal apoyo en todos mis proyectos, y mostrar mi gratitud a tantas mujeres increíbles de todo el planeta que están compartiendo sus caminos espirituales conmigo en la ceremonia de la Bendición Mundial del Útero.

# PRÓLOGO

Este libro es una guía para recordarte tu feminidad: estás hecha para danzar estrechamente abrazada a la Diosa y crear tus sueños con su ayuda; encarnas el aspecto femenino de lo divino, y tu camino es la sanación y el cuidado de ti misma y del mundo. La lectura de estos mensajes a lo largo de cada mes activará una relación viva, íntima y hermosa con lo divino femenino y sentará las bases de una vida de belleza, propósito, inspiración y creatividad.

Las relaciones fluyen y se modifican con el paso del tiempo, y aquellas que permanecen están basadas en el amor y la aceptación; en este sentido, para establecer un vínculo duradero con la Diosa hemos de aceptar que nos ha concebido para que nos transformemos, y que el cambio es una característica inherente a nuestra relación con ella. Sencillamente, hemos de acoger y amar estas modificaciones, así como aprender de ellas, con objeto de hacer presente a la divinidad en nuestra vida diaria.

Los mensajes contenidos en las siguientes páginas te ayudarán a que te ames a ti misma, aceptes tu naturaleza cambiante y aprendas a realizar una emocionante danza con lo divino femenino que adopta diferentes ritmos y direcciones mientras avanzas por el laberinto. Cuando te sientas desconectada de tu divina pareja de baile, estos mensajes te ayudarán a restablecer la conexión y aligerar tus resistencias para que puedas seguir recibiendo su guía y apoyo; de este modo, serás capaz de explorar el mundo y deslumbrarlo de múltiples formas cargadas de belleza al ir expresando el aspecto femenino de lo divino y tu interacción con él, en tu vida y el mundo que te rodea.

MIRANDA GRAY

# INTRODUCCIÓN

Este libro es el resultado de un anhelo del corazón por comprender cómo podemos experimentar la presencia amorosa de la divinidad cuando los planteamientos estandarizados no nos funcionan. Las técnicas espirituales que hace unos días nos acercaron a lo divino no nos producen ya los mismos resultados, y nos preguntamos perplejas: ¿por qué la oración que surtió efecto la semana pasada no me aporta hoy el mismo sentimiento de conexión y calma? ¿Cuál es la causa de que la bendición que me abrió al amor y la paz divinos hace tan poco no resulte efectiva en estos momentos? ¿A qué se debe que la ceremonia o el ritual que me ayudó a tomar conciencia amorosa de la presencia de lo divino hace unos días me parezca ahora una rutina mecánica?

Este anhelo del corazón, este deseo de experimentar y mantener una relación con una amorosa presencia divina que se muestre cooperativa y atenta, que nos acepte, apoye, renueve y esté dispuesta a cocrear nuestras vidas, constituye un intenso impulso que surge de un vacío interior, de una sensación de que nos falta algo. El origen está en un triple malentendido: sobre nosotras mismas, sobre la naturaleza de la espiritualidad femenina, y sobre nuestra relación natural con lo divino.

Las mujeres poseemos una espiritualidad diferente de la de los hombres; en realidad, el planteamiento espiritual masculino no nos sirve porque no pensamos, sentimos ni experimentamos el mundo, la divinidad ni a nosotras mismas del mismo modo que ellos. Esta constatación encierra un bello secreto:

**A medida que nos transformamos, también lo hace nuestra espiritualidad**, ya sea a lo largo de la vida, a través de las estaciones, del ciclo lunar o, más específicamente, del ciclo menstrual.

Los cambios por los que atravesamos modifican nuestro vínculo con lo divino; por ello, en lugar de percibir nuestra espiritualidad y nuestra conciencia del amor divino de una única forma que se expresa a través de un único enfoque, hemos de verla como una expresión cambiante. Al igual que continuamos bailando con nuestra pareja cuando tras un vals comienza a sonar un tango, podemos permanecer conectadas con la divinidad durante todos nuestros cambios, y el ser conscientes de ello nos permite crear una danza maravillosamente vibrante, plena e interactiva en su compañía. Nos enamoramos de ella, y al aceptarla completamente nos aceptamos a nosotras mismas, nos valoramos y nos amamos, experimentando una sensación de pertenencia y desarrollando la capacidad de vivir activamente en sintonía con nuestra identidad verdadera.

Los delicados y cautivadores mensajes de este libro hablan directamente a tu ser cambiante para ayudarte a tomar conciencia del aspecto femenino de lo divino y a crear tus sueños en sintonía con él. El lenguaje empleado no es específico, por lo que puedes sustituir el término «Diosa» por el nombre o designación de cualquier deidad que tenga resonancia para ti. Además, quizá desees variar la denominación dependiendo de la parte del libro con la que estés trabajando. Por ejemplo: doncella (fase de la acción), madre (fase del corazón), hechicera (fase de la revelación) y anciana (fase del ser); o doncella luminosa, madre luminosa, doncella oscura y madre oscura si deseas honrar las fases lunares.

Puedes beneficiarte de la guía de estos mensajes cada día, leerlos secuencialmente, o usarlos en relación con las estaciones, el ciclo lunar o las etapas de la vida.

De todos modos, las mujeres cíclicas —es decir, aquellas que experimentamos un ciclo menstrual— tenemos la posibilidad de utilizar estos mensajes de una forma poderosa que refleja ese anhelo del corazón por el que iniciamos esta exploración; se trata de un viaje que desde nuestra conciencia cotidiana nos lleva a profundizar en la oscuridad de nuestro interior, y finalmente nos devuelve a la luz del mundo: es el **camino del laberinto**, una vía donde los mensajes te toman de la mano para guiarte a través de tu ciclo y sus fases de energías, emociones, necesidades y deseos variables, proponiéndote soluciones para sanar, en cada fase, la desconexión con tu «verdadero ser» —lo divino femenino—. Cada mensaje está diseñado para ponerte en comunicación con la divinidad y ayudarte a integrar tu relación con ella en la vida cotidiana.

# EL CAMINO DEL LABERINTO

## LOS CUATRO NIVELES DE CONCIENCIA FEMENINOS

Los mensajes de este libro están destinados a las mujeres, no porque no puedan emplearlos lo hombres, sino porque están estructurados con la intención de reflejar nuestra espiritualidad femenina única.

Nuestra forma de experimentar la vida se fundamenta en un ciclo de **cuatro niveles de conciencia diferentes**; así pues, la visión del mundo que nos rodea, los pensamientos sobre nuestro lugar y nuestro propósito en él, y la valoración que hacemos de nosotras mismas depende del nivel de conciencia que estemos experimentando en cada momento.

Estamos sumamente familiarizadas con el primer nivel de conciencia, que se compone de pensamientos, palabras, razonamiento, estructura, acción y objetivos: se trata de nuestra «mente pensante».

Por debajo de este nivel se sitúan nuestros sentimientos y respuestas emocionales; el modo en que nos sentimos resulta más relevante que la lógica, las necesidades de los demás son más importantes que las nuestras, y nuestra actitud natural consiste en cuidar, nutrir y conectarnos con otras personas. Además, experimentamos a la creatividad práctica y la expresamos manifestando y creando forma en el mundo. Este nivel se corresponde con la percepción de la «**mente sensible**». Con estos dos niveles —que suelen considerarse «normales»— es como más cómodas nos sentimos.

Sin embargo, en un nivel inferior al de la «mente sensible» se halla la «**mente subconsciente**», el aspecto de nosotras que almacena toda la información que nuestra «mente pensante» no es capaz de asimilar. Aquí tenemos acceso a nuestros niveles más profundos, lo cual nos posibilita establecer conexiones, recibir una ráfaga de inspiración y tener momentos de comprensión directa sin la intervención del pensamiento; además, nos comunicamos con nuestras necesidades y deseos insatisfechos, nuestros recuerdos y sentimientos ocultos, y las creencias que determinan nuestras reacciones y comportamientos.

Por último, nuestro nivel de conciencia más profundo nos conecta con el Todo, donde experimentamos la plenitud; es un lugar de entrega, de tranquilidad, de paz, de simplemente ser. Se trata del nivel de la «**mente del alma**», de la verdad, el propósito y el conocimiento más profundos.

Los mensajes de este libro están divididos de acuerdo con estos cuatro niveles de conciencia y se comunican con las energías y necesidades propias de cada uno de ellos en tu interior. Han sido escritos con la intención de ayudarte a reconocer estas energías y a mejorar tu percepción de cada nivel, eliminar las resistencias, afrontar los retos y crear una relación amorosa, fluida y creativa con lo divino femenino.

## La espiritualidad secreta de las mujeres

El impacto más influyente de la relación femenina con lo divino suele dejarse de lado en la mayoría de los enfoques espirituales por la sencilla razón de que no lo buscamos.

**Nuestra espiritualidad natural está asociada con los ciclos menstruales.**

Durante la mayor parte de nuestra vida adulta experimentamos un ciclo menstrual cada mes que consta de cuatro fases, en cada una de las cuales predomina uno de los cuatro niveles de conciencia.

El viaje a través de nuestro ciclo menstrual es, en realidad, la percepción de la fase preovulatoria de la «mente pensante» que nos impulsa a la *acción*; de la fase ovulatoria de «la mente sensible», donde percibimos desde el *corazón*; de la fase premenstrual de la «mente subconsciente» que *revela* nuestro mundo interno, y de la fase menstrual de la «mente del alma» y el *conocimiento* interior profundo.

Nuestro ciclo es un laberinto periódico que nos hace descender de la luz al inframundo, de la conciencia cotidiana al nivel del alma, del verano al invierno, de la luna llena a la luna oscura, de la cabeza al útero para después guiarnos de regreso hacia el exterior. Al igual que las estaciones estival e invernal, las fases del *corazón* y el *conocimiento* constituyen los ejes del ciclo, mientras que las fases de la *acción* y la *revelación*, como sucede con la primavera y el otoño, son épocas de cambio.

Aunque suele afirmarse que para cambiar el mundo hemos de transformar nuestros pensamientos, en las mujeres esto sucede de un modo natural, ya que en cada fase pensamos de

15

forma diferente y, por consiguiente, nuestro mundo también se modifica. En cada fase y nivel de conciencia, nuestra relación con lo divino femenino sufre modificaciones, y experimentamos espontáneamente planteamientos, necesidades y expresiones espirituales particulares.

En la fase preovulatoria, nuestra espiritualidad está orientada —por medio de la «mente pensante»— hacia nuestro camino, nuestros objetivos, nuestros ideales y nuestra búsqueda. En la fase ovulatoria prevalece «la mente sensible» y podemos convertirnos en las nutricias manos de la Diosa, estableciendo conexiones, interesándonos por los demás y expresando en la comunidad el amor que sentimos. A medida que entramos en la fase premenstrual nuestra espiritualidad puede volverse más instintiva e inspiradora, nuestra conciencia de esta dimensión se intensifica y podemos sentirnos atraídas por lo mágico como nuestra expresión espiritual. Y, por último, la menstruación trae consigo una profunda sensación de paz y unidad que nos abre a una espiritualidad que no necesita respuestas, metas ni acciones, porque simplemente sabemos que somos todo.

Esta naturaleza cíclica y el viaje a través de los diferentes niveles de conciencia afectan nuestra interacción con la amorosa presencia de lo divino femenino, así como a nuestra forma de expresarlo y percibirlo.

**No solo lo que nos funciona en un momento dado —como expresiones espirituales de devoción, conexión y amor— está sujeto a cambio, también lo están las necesidades que deseamos satisfacer y nuestras resistencias a establecer una relación con lo divino femenino basada en la confianza y la entrega.**

No hemos nacido mujeres para entablar una única relación con la divinidad, sino para disfrutar de un vínculo que fluya a través de cuatro expresiones; nos equivocamos **al pretender mantener una sola relación**, y ese error nos lleva a preguntarnos por qué somos incapaces de mantener una conciencia duradera de nuestra conexión personal y amorosa con lo divino.

La respuesta al anhelo de nuestro corazón es sencilla: no es que tengamos un problema, sino que simplemente nos creemos limitadas a bailar un solo estilo con la Diosa cuando, en realidad, ella danza con nosotras ¡en cuatro estilos diferentes! No es de extrañar que tropecemos y soltemos su mano cuando ella está bailando a ritmo de samba y nosotras continuamos moviéndonos al son de un vals. Solo cuando reconocemos lo mucho que cambiamos con nuestras fases, conseguimos modificar fácilmente nuestro estilo para unirnos a ella; sin embargo, debemos recordar que ningún baile tiene más importancia que otro y que la Diosa disfruta simplemente siendo nuestra pareja en todos ellos.

Lo divino femenino también nos ha otorgado un bello regalo exclusivamente para mujeres: la capacidad para **renovar,** mes a mes, nuestra relación cíclica con él. Después de haberlo seguido hasta los niveles más profundos del alma con la menstruación y de habernos sentado a descansar en la oscuridad del ser, este aspecto inherente a todas nosotras restablece y renueva nuestras energías para que podamos regresar, una vez más, al mundo exterior de la luz llenas de vitalidad, fuerza y confianza. En todos y cada uno de los meses del año, lo divino nos concede la oportunidad de experimentarlo y relacionarnos con él de cuatro maneras diferentes y maravillosas.

Cuando fluimos con nuestra naturaleza cíclica, comenzamos a amarnos a nosotras mismas al sentir el amor de la divinidad; nos volvemos comprensivas al sentir su aceptación incondicional, y también nos sentimos respaldadas, ya que danzar con ella nos ayuda a crear juntas nuestros sueños y alegrías. ¡La Diosa nos ha brindado un don increíble!

# CÓMO UTILIZAR ESTE LIBRO: PARA MUJERES CON CICLO MENSTRUAL

Este libro constituye una «primera cita» con lo divino femenino para cada uno de los cuatro niveles de conciencia asociados con las fases de tu ciclo menstrual. Es el inicio de una relación asombrosa que puede apoyarte, renovarte, recargarte de energía y rodearte de amor, paz y una sensación de pertenencia. Con lo divino femenino puedes cocrear los sueños y deseos de tu corazón, así como una vida de plenitud y unidad. Los mensajes son el comienzo de una nueva relación —fluida y flexible— con el aspecto femenino de lo divino, la cual va transformándose a medida que cambian tus percepciones.

Los mensajes:

- te dan a conocer diferentes niveles de percepción y conexión espirituales;
- te ayudan a satisfacer tus necesidades y superar los miedos que surgen a medida que te transformas;
- contribuyen a que afrontes los desafíos que podrían alejarte de lo divino femenino;
- te recuerdan quién eres realmente y te dan permiso para que te expreses;

- te muestran el gozo que producen los dones que te ofrece la divinidad;
- te revelan la belleza y maravilla de una relación cambiante con el aspecto femenino de lo divino;
- te ofrecen una vía espiritual específicamente femenina a medida que recorres el laberinto cada mes.

Cada mensaje —lleno de sabiduría, amor y alegría— resuena con tu propio nivel de percepción y te ayuda a establecer una relación única, amorosa y en transformación constante con lo divino femenino.

Para usar este libro no hace falta que modifiques tus creencias o tu práctica espiritual; no obstante, mantén la mente abierta, y sé más consciente de lo que favorece tu conexión con lo divino femenino y lo que la obstaculiza. Al trabajar con los mensajes quizá desees probar técnicas distintas en cada fase: tal vez recitar una oración o mantra diferente, explorar una nueva expresión divina o incluso experimentar con una propuesta de otra religión integrándola en tu práctica religiosa habitual. Aunque existe un fuerte condicionamiento cultural hacia un enfoque espiritual o religioso único, como mujeres cíclicas nuestra espiritualidad se modifica naturalmente a medida que descendemos por el laberinto hasta el centro de nuestro ser y después regresamos al mundo exterior. A veces basta con una pequeña variación en nuestro planteamiento, lenguaje o en las metáforas espirituales en una fase del ciclo para restablecer nuestra conexión con lo divino femenino, profundizar más en ella y abrirla más al amor, la sabiduría y la comprensión.

Los mensajes de este libro están divididos de acuerdo a los cuatro niveles de conciencia relacionados con las cuatro fases del ciclo menstrual.

Para utilizar los mensajes puedes:

- elegir diariamente un mensaje al azar durante cada fase;
- escoger varios mensajes a lo largo del día;
- leer secuencialmente los mensajes de cada fase.

Los mensajes han sido escritos teniendo en cuenta las características de cada fase, de modo que estarán en sintonía con el nivel de conciencia y la espiritualidad asociada a la etapa en la que te encuentres.

| Fase | Nivel de conciencia | Días del ciclo aproximados | Ciclo corporal | Símbolo de la página |
|------|---------------------|----------------------------|----------------|----------------------|
| Acción | Mente pensante | 7-13 | Preovulatorio | ☀ |
| Corazón | Mente sensible | 14-20 | Ovulatorio, liberación del óvulo | ♡ |
| Revelación | Mente subconsciente | 21-28 | Premenstrual | ☾ |
| Ser | Mente del alma | 1-6 | Menstruación, hemorragia | ☉ |

Si lo deseas, puedes seleccionar mensajes de diferentes partes del libro, aunque descubrirás que aquellos que se corresponden con la fase que estés atravesando en esos momentos te resultarán más significativos, te ayudarán más y te afectarán más profundamente.

## CONSIDERACIONES PRÁCTICAS

«El primer día del ciclo» equivale al primer día de la menstruación. Tu ciclo menstrual constituye un flujo natural en el que van sucediéndose las distintas fases —sin fronteras rígidas—, por lo que los días del ciclo expuestos arriba son de carácter orientativo. Si tienes la sensación de que estás cambiando de nivel de conciencia antes de lo que indica el esquema, simplemente escoge los mensajes correspondientes a la siguiente fase. Por otra parte, si tus ciclos fueran irregulares o se prolongaran más de 28 días, quizá prefieras emplear mensajes de diferentes secciones cada día. Confía en que tu intuición te guiará hacia la parte apropiada del libro.

Si estuvieras tomando anticonceptivos, es posible que tu experiencia mensual del laberinto te resulte menos intensa que la experimentada por las mujeres que mantienen su ciclo natural. Algunas mujeres son asimismo especialmente «cíclicas» y propensas a verse afectadas por modificaciones mentales y perceptivas, por ejemplo, padeciendo los síntomas del síndrome premenstrual, mientras que otras notan muy poco sus cambios. Tu ciclo, su repercusión en tu percepción, el modo en que lo experimentas y tu conexión espiritual con lo divino femenino son únicos en ti. En esta exploración no se aplican los conceptos de «correcto» o «incorrecto»; más bien se trata de una bella oportunidad de redescubrir tu Ser, lo Divino Femenino y su interacción mes a mes.

Un comentario final antes de que comiences a trabajar con los mensajes: las influencias externas pueden soterrar nuestras experiencias de la parte más profundamente espiritual de las fases del ciclo; el estrés, la falta de sueño, los viajes y la medicación son algunos de los diversos factores que pueden afectar a nuestro ciclo menstrual y, por consiguiente, a nuestra percepción de nosotras mismas, nuestras vidas y nuestra conexión espiritual con lo divino femenino. Los mensajes de este libro están diseñados para **ayudarte a reconectarte** con el aspecto femenino de lo divino, de modo que empléalos para que te ayuden a sentir su apoyo amoroso cuando las exigencias del mundo te impidan sentir su presencia.

## EFECTO DE LOS MENSAJES

En el caso de que escogieras un mensaje que no tuviera resonancia para ti, siempre puedes seleccionar otro; de todos modos, ten en cuenta que la resistencia a un mensaje también puede proporcionarte información y una mayor comprensión de ti misma, de tu ciclo y de tu relación con lo divino femenino.

He aquí algunas preguntas que puedes formularte cuando un mensaje te cause rechazo:

- ¿Este mensaje encajaría mejor en otra de las fases del ciclo o en otro día?

- ¿Me siento cómoda con el modo natural de percibir en esta fase?, ¿puedo acogerlo con facilidad u opongo resistencia?
- ¿Estoy dispuesta a aceptar mi naturaleza cíclica?, ¿puedo aflojar mis resistencias a ser cíclica o pienso que la única forma de manejarme en el mundo es mantener una estabilidad en mi identidad y mi comportamiento?
- ¿Percibo la belleza, la alegría y la espiritualidad de mi cuerpo y mi sexualidad o creo que he de combatirlos y controlarlos?
- ¿Me asustan los niveles profundos de la mente?, ¿necesito controlar mi vida para sentirme segura?, ¿qué recuerdos han originado este miedo?
- ¿Puedo confiar en mí misma y en lo divino femenino sabiendo que todo irá bien?, ¿puedo prescindir de mis recuerdos y mi interpretación de las situaciones?

## ANOTAR LAS MODIFICACIONES DE TU ESPIRITUALIDAD

Al final del libro hallarás un espacio para que anotes tus experiencias espirituales en cada fase; tal vez desees apuntar las prácticas espirituales que te funcionan y las oraciones, actividades o lecturas que te conectan con lo divino femenino; escribe también qué aspecto de la divinidad te proporciona amor, las palabras o designaciones que te resuenan y —si vives una espiritualidad ecléctica— los enfoques religiosos y filosofías que te ayudan a establecer la conexión con ella. Tanto si los cambios espirituales que experimentas son sutiles y trabajas en el marco de una sola religión, como si te resultan impactantes y te sientes atraída por varios caminos espirituales, anota lo que te ayuda a vincularte con el amor de la divinidad en cada fase, y cómo deseas expresar esta interacción en tu vida; de este modo, podrás usar la información para entablar con ella una relación amorosa, interactiva y cocreadora, durante *todo* el mes siguiente y los meses venideros.

# FASE DE LA ACCIÓN: LA MENTE PENSANTE

### FASE DE LA ACCIÓN: MENSAJE 1

Un capullo cerrado tan solo necesita la luz del sol para
desplegar sus pétalos y convertirse en una hermosa flor.
Tú eres un capullo a punto de abrirse, extenderse,
y florecer en tu identidad verdadera.
Siente cómo la luz del sol te ama
y te estimula a abrirte a tu propia belleza y a expandirte en el
mundo.

### FASE DE LA ACCIÓN: MENSAJE 2

La Diosa te ha concedido un nuevo comienzo maravilloso,
de modo que adéntrate en la primavera y deja atrás
la oscuridad.
Siéntete más ligera y luminosa,
y llena de amor, energía y entusiasmo.

### FASE DE LA ACCIÓN: MENSAJE 3

Disfruta del nuevo «tú», quien eres hoy.
En este momento has de saborear este «tú»
como un pedazo de exquisito pastel de chocolate,
disfrutándolo en toda su singularidad.
Acoge y ama el momento y tu identidad renovada.

### FASE DE LA ACCIÓN: MENSAJE 4

La Diosa te ha otorgado una renovación energética.
Ábrete a su energía dinámica y amorosa,
siente cómo te llena y equilibra,
y danza en la feminidad de tu cuerpo.

### FASE DE LA ACCIÓN: MENSAJE 5

Nuestra conciencia cambia y fluye.
Abraza con alegría
las nuevas energías luminosas de «joven doncella»
de la luna creciente,
el destello dinámico del subir de la marea,
y la vitalidad de la primavera.

### FASE DE LA ACCIÓN: MENSAJE 6

Juega con la risueña Diosa,
¡la vida es para disfrutarla!
¡Permite que tu doncella interior salte en los charcos,
lama la cuchara del postre y disfrute del viento enredándole
el cabello!

### FASE DE LA ACCIÓN: MENSAJE 7

La Diosa te acompaña en tu camino:
cuéntale tus metas, deseos, búsquedas y fantasías.
Ella ríe alegre por todo lo que emprenderéis juntas.

### FASE DE LA ACCIÓN: MENSAJE 8

Tus pensamientos forman parte de la Diosa Universal, al igual
que tu cuerpo, una montaña o la luz procedente
de una estrella tenue y distante.
Tus pensamientos, ideas, objetivos y aspiraciones constituyen
una parte bella, importante y creativa de la Diosa
y de quien eres *tú*.

### FASE DE LA ACCIÓN: MENSAJE 9

Se te ha concedido una
«mente pensante» maravillosa.
¿En qué aspecto de tu vida aplicarás
este asombroso don de la Diosa?

### FASE DE LA ACCIÓN: MENSAJE 10

La diosa Manifiesta quiere otorgarte lo que deseas.
Utiliza el don de la lucidez
para concentrarte en tu mayor aspiración
y transmitírsela.

### FASE DE LA ACCIÓN: MENSAJE 11

Siéntete atractiva, dinámica y llena de una bella
energía juvenil.
Cuando estás anclada en tu propia energía,
no necesitas luchar
ni demandar atención o control.
Eres una mujer válida y plena.
¡Con la Diosa te sientes viva!

### FASE DE LA ACCIÓN: MENSAJE 12

Durante unos cuantos días la Diosa te ha concedido
energía, confianza, fe en ti misma y entusiasmo.
¿A dónde te dirigirás?
¿Quién te acompañará?
Acepta la idea de que todo es posible.

### FASE DE LA ACCIÓN: MENSAJE 13

En el torbellino del movimiento y la acción mantén tu cuerpo
y tu mente en equilibrio.
Deja que los pensamientos elevados guíen tu mente,
y mantente arraigada en la sensualidad de tu cuerpo.
¡Disfruta de tu cuerpo y de tu mente!

### FASE DE LA ACCIÓN: MENSAJE 14

Actúa en sintonía con tu verdadero ser.
Examina qué es lo que amas,
qué se te da bien,
cuáles son tus aptitudes.
Estos son los excepcionales dones que puedes expresar
en el mundo.

### FASE DE LA ACCIÓN: MENSAJE 15

La hiperactividad nos señala que hemos perdido el contacto
con nuestra identidad verdadera.
Suelta todo lo que no eres,
y no te sientas obligada a dar ningún paso
que no sea una expresión amorosa
de la persona hermosa y única
que ya eres.

### FASE DE LA ACCIÓN: MENSAJE 16

Advierte que la luz de la luna creciente mora en tu interior.
Sin importar lo que haya sucedido en el pasado o lo que esté
aconteciendo ahora,
tú mantienes su pureza.
Actúa hoy siendo consciente
de la pureza de tu doncella interior, y de tu gracia y belleza.

### FASE DE LA ACCIÓN: MENSAJE 17

A veces, la actividad mental excesiva obstaculiza
el contacto con la Diosa;
detente un momento, respira,
y conecta con tu amor y alegría.
«Debería» se transforma de este modo en «me encantaría».

### FASE DE LA ACCIÓN: MENSAJE 18

Siente a la Diosa a tu alrededor:
es seguro adentrarse en lo desconocido.
Siente a la Diosa en tu interior:
ella cree en ti y en tus sueños.
Siente a la Diosa en la oscuridad del laberinto:
ella te apoya en cada paso.

### FASE DE LA ACCIÓN: MENSAJE 19

Nuestras pasiones y deseos son regalos de la Diosa,
y hemos de abrirlos, desenvolverlos
y usarlos para crear el mundo;
son la fuerza dinámica que origina lo nuevo en el universo.
¿Qué harás para vivir con más pasión?

### FASE DE LA ACCIÓN: MENSAJE 20

En esta fase creciente, las energías se mueven,
¿puedes sentirlo en tu interior?
¡Adelante, actúa con ellas!
¡Ahora!

### FASE DE LA ACCIÓN: MENSAJE 21

Aunque la Diosa está llena de potencialidad, *tú* has de
expresar las posibilidades.
Aporta tus ideas al mundo, juega con ellas,
y disfruta de la tarea de ayudar a que se manifiesten.

### FASE DE LA ACCIÓN: MENSAJE 22

No te tomes en serio la vida;
la Diosa te concedió la risa para que no olvides
que mantener una actitud lúdica, alegre y amorosa
es la única forma de crear tus sueños.

### FASE DE LA ACCIÓN: MENSAJE 23

Absorta en tus pensamientos, sueños y proyectos
es fácil que olvides la alegría de tu corazón
y la sensualidad de tu cuerpo.
Recuerda que tus facultades mentales son una espada de luz,
un don de la Diosa, pero no son *tú misma*.

### FASE DE LA ACCIÓN: MENSAJE 24
Date cuenta de que ni tú
ni las situaciones han de ser «perfectas».
La vida es perfecta tal y como es ahora mismo,
y como eres parte de la Vida, esto también se aplica a ti.

### FASE DE LA ACCIÓN: MENSAJE 25
Sentada en la playa ves el horizonte despejado,
pero al remar mar adentro aparecen islas bellas y fascinantes.
La Diosa trabaja con la magia mediante el movimiento;
no importa si comienzas o no en la dirección adecuada:
parte hoy mismo con tu barca.

### FASE DE LA ACCIÓN: MENSAJE 26
El mundo está lleno de vida, luz y danza.
Nada está quieto, todo vibra y nada permanece igual.
Nos abrimos al ámbito de lo mágico
cuando aceptamos este hecho
y nos ponemos en movimiento
para hacer realidad nuestras metas.
Persigue tus sueños, actúa,
y haz magia junto con la Diosa.

### FASE DE LA ACCIÓN: MENSAJE 27

La Diosa trabaja mediante vínculos y conexiones,
pero somos *nosotras* las que hemos de recorrer el camino.
En la luz creciente aprovecha las oportunidades,
sigue las sincronías que te conducirán
a un escenario de crecimiento, éxito y amor,
y te brindarán la posibilidad de ser la persona que aspiras ser.

### FASE DE LA ACCIÓN: MENSAJE 28

Todo lo que deseamos para nuestra vida
está relacionado con nuestros sentimientos internos;
deja que tus anhelos profundos impulsen tu vida
y la Diosa Manifiesta
te los reflejará en el mundo externo.

### FASE DE LA ACCIÓN: MENSAJE 29

Cuando se usa una sierra entre dos personas,
la maneja cada vez una de ellas.
Así que transmite a la Diosa tu objetivo y actúa;
pero recuerda *parar* en la siguiente fase:
¡deja que la Diosa también participe!

### FASE DE LA ACCIÓN: MENSAJE 30

La Diosa desea que tomes decisiones en esta fase
para saber adónde dirigir su energía y apoyo.
Decide desde el amor más profundo
y estarás en sintonía con su energía.

### FASE DE LA ACCIÓN: MENSAJE 31

¿Qué pasaría si te amaran sinceramente tal y como eres
sin importar tus acciones presentes o pasadas ni tus
cualidades o carencias?
¿A qué acciones renunciarías hoy?
¿Qué objetivos abandonarías hoy?
La Diosa te profesa un amor total y verdadero.

### FASE DE LA ACCIÓN: MENSAJE 32

Ver la vida como un problema que has de resolver es señal de
que no aceptas quien verdaderamente eres.
Posees el don divino de crear los sueños
que están *en sintonía* con tu alma.
Primero acéptate a ti misma para dar alas a tus sueños.

### FASE DE LA ACCIÓN: MENSAJE 33

A la Diosa le encanta que expresemos y hagamos realidad
nuestros sueños; nos ha creado
para que le aportemos emoción, variedad y felicidad.
¿De qué modo le ofrecerás hoy tu alegría?

### FASE DE LA ACCIÓN: MENSAJE 34

Emplea tus dones y talentos únicos:
la Diosa no ha creado a nadie más como tú.
Eres especial e importante,
de modo que sigue el camino superior del amor.

### FASE DE LA ACCIÓN: MENSAJE 35

Tu poder —el amor— procede directo de la Diosa;
exprésalo en tu forma de caminar, permanecer de pie y actuar.
Con amor nos relajamos, nos abrimos y damos.
No temas ser poderosa,
pues nos permite amar y dar incondicionalmente.

### FASE DE LA ACCIÓN: MENSAJE 36

La Diosa te ha concedido los dones de esta fase
solo para *tus* sueños y deseos;
no te demores, ¡utilízalos ahora!
¡has de usarlos antes del final de la fase!

### FASE DE LA ACCIÓN: MENSAJE 37
¡Abraza hoy tu atractivo sexual!
La belleza y luz de la Diosa fluyen
a través de tu cuerpo y tu sensualidad.
Cada roce es un alegre beso; cada palabra, una caricia;
y cada risa, una danza íntima con la vida.

### FASE DE LA ACCIÓN: MENSAJE 38
Disfruta de tu cuerpo y tu sensualidad renovada.
Encarna a la doncella, tengas la edad que tengas,
y deja que el sexo sea divertido, alegre y juguetón.
¡Todos los actos de placer amoroso son oraciones de la Diosa!

### FASE DE LA ACCIÓN: MENSAJE 39
Tu energía sexual ha renacido;
siéntete radiante, bella, capaz y desenvuelta.
Muévete siendo consciente
de esta bella y asombrosa energía que hay en ti.

### FASE DE LA ACCIÓN: MENSAJE 40
Dedica un tiempo a la diversión.
La Diosa desea que disfrutes de la vida y de ser tú misma.
Te da permiso para realizar una actividad
con la que disfrutes, solo para ti.

### FASE DE LA ACCIÓN: MENSAJE 41

La Diosa se interesa tanto por las pequeñas cosas de tu vida
como por las «grandes cuestiones»;
sé consciente de su presencia en lo pequeño
para abordar con plenitud, paz y satisfacción
los asuntos importantes.

### FASE DE LA ACCIÓN: MENSAJE 42

La Diosa se vale de las más mínimas intenciones, las acciones
más minúsculas, las tareas más rutinarias para ofrecerte
asombrosas bendiciones.
Realiza hoy un pequeño acto y sé bendecida.

### FASE DE LA ACCIÓN: MENSAJE 43

La Diosa te ha concedido todo lo necesario
para empezar a crear tu sueño;
nada más necesitas. ¡Comienza ahora!
Ella amará lo que hagas.

### FASE DE LA ACCIÓN: MENSAJE 44

Cuando luchas para conseguir tus metas
con esfuerzo,
trabajas sola;
pero cuando sigues el fluir de las conexiones,
te mueves con ligereza y escuchas tu corazón,
oyes la música de las estrellas
mientras la Diosa danza a tu lado.
¿Por qué bailar sola teniendo la pareja perfecta?

### Fase de la acción 45

En el vertiginoso ritmo de la ascensión por el laberinto,
la forma de llegar a nuestros sueños consiste en ralentizar
suficientemente el paso
para tener la oportunidad de detenernos,
amar cada momento, y recibir los dones de la Diosa.

### FASE DE LA ACCIÓN: MENSAJE 46

Desde una visión de conjunto todo está bajo control;
así pues, afloja un poco.
Revisa tus planes y objetivos,
y permite que las cosas fluyan por sí solas un poco más.

### FASE DE LA ACCIÓN: MENSAJE 47

Deléitate con tus actividades, incluyendo tus
responsabilidades y obligaciones;
saboréalas, disfrútalas, siente la satisfacción de concluirlas.
Eres una expresión única de la doncella,
de la primavera, de la luna creciente,
y de todas las Diosas de la acción.

### FASE DE LA ACCIÓN: MENSAJE 48

Actuar sola supone una pérdida de energía,
pero hacerlo con la Diosa es divertido y provechoso.
¡Deja que te ayude!

### FASE DE LA ACCIÓN: MENSAJE 49

La frustración y la agresividad nos muestran que no hemos
contado con las energías dinámicas de la Diosa
y las necesidades de nuestra alma.
¡Actúa, inicia una nueva actividad, sé la fuerza de la Diosa
mejorando el mundo!

### FASE DE LA ACCIÓN: MENSAJE 50

Cuanto más aceptes la ayuda de la Diosa,
menos tareas tendrás.
¿Por qué te encargas de tantas cosas?

### Fase de la acción: mensaje 51
Los pensamientos y las ambiciones pueden hacerte olvidar
tu identidad verdadera.
Conecta con tu cuerpo y la Diosa te ayudará
a ver tu ser verdadero a través de las ilusiones.

### Fase de la acción: mensaje 52
Para conectar con la Diosa simplemente dile «hola»,
y contempla cómo lo que te rodea responde a tu saludo.
A la Diosa le encanta que reconozcas su presencia.

### Fase de la acción: mensaje 53
¡Di: «sí»!
Di «sí» a las oportunidades y las sincronías,
e inicia una bella aventura
que cambiará tu vida.

### Fase de la acción: mensaje 54
Piensa en un sueño o meta tan grandes
que no tengas la menor idea de cómo lograrlos.
Ahora pídele a la Diosa Universal que se ocupe de ello.
A ella le agrada sobremanera que la acojamos
en nuestras vidas, de modo que
afloja tus resistencias y concédele el placer de crear tus sueños.

### FASE DE LA ACCIÓN: MENSAJE 55

Cuando tenemos claro nuestro rumbo nos sentimos plenas;
todo es posible y nuestras esperanzas se expresan en la acción.
Los retos y los obstáculos son tan solo ondas
en la superficie de un profundo océano.
Ábrete a tu propósito vital y permite que
la Diosa te llene de plenitud.

### FASE DE LA ACCIÓN: MENSAJE 56

Fluye libremente con entusiasmo y la capacidad de cocrear.
Aunque realizar varias tareas a la vez es perfecto,
centrar las energías
permite que la Diosa vea hacia dónde deseas dirigirte.
¡Déjale que concluya un proyecto antes de comenzar
a cocrear el siguiente!

### FASE DE LA ACCIÓN: MENSAJE 57

Lo divino está presente en todas las acciones y pensamientos.
Cada tarea, cada meta, cada palabra
es una oración que te conecta con la Diosa.

### FASE DE LA ACCIÓN: MENSAJE 58
Recuerda utilizar los bellos dones
que la Diosa te ha concedido en esta fase
para ser más tú misma:
una mujer fascinante, alegre, atractiva, hermosa, dinámica,
tierna e inteligente.

### FASE DE LA ACCIÓN: MENSAJE 59
Sal al mundo con la creciente luz
para buscar y explorar, encontrar verdades,
expresar los ideales más elevados y crecer.
La Diosa danza con nosotras en este camino.

### FASE DE LA ACCIÓN: MENSAJE 60
Sé absurda.
Da hoy un paso ridículamente corto hacia tu mayor meta,
y comprueba lo bien que te sientes.
¡Los logros minúsculos e irrisorios
pueden hacernos sentir tan bien como los grandes éxitos!

### FASE DE LA ACCIÓN: MENSAJE 61
Confía en tus pensamientos y proyectos más elevados.
La Diosa nos habla a través de nuestros
pensamientos más amorosos
y las actividades con las que disfrutamos.

### FASE DE LA ACCIÓN: MENSAJE 62

Eres hermosa, sensual, bondadosa, y te sientes renovada.
Todo está perdonado y ha quedado atrás
en la oscuridad del laberinto;
la Diosa anhela que aceptes este hecho.
Renace hoy.

### FASE DE LA ACCIÓN: MENSAJE 63

Aunque el camino ascendente del laberinto
es un regalo maravilloso de actividad
y energía orientada a la acción,
las energías cambiarán dentro de poco.
Fluye y ábrete a los nuevos dones de la Diosa;
ella te ayudará a la consecución de tus sueños
a través de las fases de tu ciclo.

### FASE DE LA ACCIÓN: MENSAJE 64

Al igual que el verano sigue a la primavera,
tú vas a transformarte.
El cambio te aportará nuevos dones y experiencias,
así como un renovado ritmo en la danza con la Diosa.
Disfruta de la primavera y da la bienvenida al verano.

♡

# FASE DEL CORAZÓN: LA MENTE SENSIBLE

### FASE DEL CORAZÓN: MENSAJE 1

A medida que las energías de la primavera
dejan paso a las del verano,
tenemos la oportunidad de compartir
nuestra creatividad, nuestro amor y la riqueza de nuestro ser
con los demás.
Conecta con los otros
e irradia el amor maternal de la Diosa
en tus relaciones.

### FASE DEL CORAZÓN: MENSAJE 2

La Diosa te ha creado mujer para que puedas transformarte,
experimentes su presencia, la expreses,
y crees el mundo de múltiples maneras.
Cada etapa vital, cada fase de tu ciclo
es una aventura de amar y ser amada.

### FASE DEL CORAZÓN: MENSAJE 3

Fluye con la corriente y abraza con felicidad
las radiantes energías de la madre luna llena,
la plenitud de la marea alta y la abundancia del verano.
La Diosa te nutre
y se interesa por ti, tus sueños y deseos.
Siente su apoyo amoroso mientras se despliegan
las oportunidades.

### Fase del corazón: mensaje 4

La Diosa es la madre perfecta:
te protege, te aporta fuerza,
apoya tus sueños y crea el mundo para ti.
Concédete hoy un momento para aceptar su amor y cuidados.

### Fase del corazón: mensaje 5

La Diosa es la madre de tu alma:
eres perfecta tal y como te hizo.
Su único deseo es que compartas tu hermosura con los demás
y veas en ellos su belleza.
¿Cómo puedes compartir hoy su amor?

### Fase del corazón: mensaje 6

Con la abundancia propia del verano,
la Diosa desea que todo se dirija al bien común.
Cuando esta motivación comienza a impulsar
tu vida y objetivos,
¿en qué medida hace que te sientas bien?

### FASE DEL CORAZÓN: MENSAJE 7

Nutrir consiste en ayudar al desarrollo individual del otro.
Así como tú nutres a otras personas, permite que la Diosa
haga lo mismo contigo:
también tú necesitas crecer de forma propia y única,
y florecer en la hermosa mujer que realmente eres.

### FASE DEL CORAZÓN: MENSAJE 8

La Diosa es abundancia y ama dar.
¿Con qué disfrutas en la vida?
¡Pídele más!
Deja que la radiante luz de la luna llena ocupe tu vida;
recuerda que la Diosa es todo,
de modo que todo es posible.

### FASE DEL CORAZÓN: MENSAJE 9

Renunciar a nuestros sueños crea una sensación de pérdida;
cumplirlos genera abundancia.
No olvides alimentar tus sueños
al tiempo que nutres los de otras personas.

### FASE DEL CORAZÓN: MENSAJE 10
La Diosa desea que recuerdes lo siguiente:
hacer realidad *tus* sueños,
te genera una sensación de abundancia y plenitud
que te impulsa a ayudar a otros.
Tus sueños son muy importantes
para el bienestar de otras personas.

### FASE DEL CORAZÓN: MENSAJE 11
El amor es el modo en que la Diosa te muestra tu ser superior.
¿Qué amas realizar o poseer?
¿Dónde te encanta estar y con quién?
Resulta sencillo saber quién eres.

### FASE DEL CORAZÓN: MENSAJE 12
La felicidad es estar enamorada de la Diosa
y sentir que ella te corresponde.
Sal, abraza el mundo y enamórate de él.

### FASE DEL CORAZÓN: MENSAJE 13
¿Qué ideas, situaciones o personas
necesitan una madre amorosa o un hogar?
Trata hoy de llegar a los demás, sé la mano de la Diosa.

### FASE DEL CORAZÓN: MENSAJE 14

Así como has de plantar una bellota
para que crezca un roble,
siembra tus ideas en el corazón y nútrelas;
después, deja que la Diosa alimente el jardín de tus sueños.
Disfruta de las flores y espera al otoño para recoger los frutos.

### FASE DEL CORAZÓN: MENSAJE 15

Transitar la senda de las energías maternales
significa caminar segura de ti misma,
conectada con la Tierra, con el útero pleno
y los brazos y el corazón abiertos.
Encarnar a la Diosa significa preocuparse por el mundo.

### FASE DEL CORAZÓN: MENSAJE 16

La Diosa te ha otorgado la capacidad de amar;
cuanto más amas, más cerca te hallas de tu sueño.
Cuando tu sueño surge de tu corazón, este lo crea con gozo.

### FASE DEL CORAZÓN: MENSAJE 17

Para crear más sentimientos de amor en tu vida:
realiza acciones amorosas, di palabras amables
y genera pensamientos afectuosos.
Resulta sencillo en esta fase.

### FASE DEL CORAZÓN: MENSAJE 18

Eres única e importante.
Solamente la Diosa puede hacer que te sientas de este modo.
¡Ella mora en tu interior
y tú en ella!
Es tu misma Madre.

### FASE DEL CORAZÓN: MENSAJE 19

Confía en tu sentir:
la Diosa te habla
a través de tus sentimientos más profundos.

### FASE DEL CORAZÓN: MENSAJE 20

Eres una expresión única y bella de la Diosa;
una madre para el mundo,
la delicada hermosura y suavidad de la luna llena,
y la maravillosa abundancia creativa del verano.

### FASE DEL CORAZÓN: MENSAJE 21

Aunque apoyar a otros resulta satisfactorio,
asumir demasiados compromisos se hace agotador.
Los dones del verano cambiarán pronto;
responsabilízate solamente de lo que puedas proseguir
con facilidad en el otoño.

### FASE DEL CORAZÓN: MENSAJE 22
¡Crea, crea, crea!
¡Muévete al ritmo de tu danza, pinta tus cuadros,
canta tus canciones, hornea tus pasteles, cuida de tu jardín,
crea belleza y amor!

### FASE DEL CORAZÓN: MENSAJE 23
Construye tus relaciones con el clima de amor de esta fase.
Resuelve ahora los pequeños problemas,
antes de que aumenten en la estación
de la oscuridad creciente.

### FASE DEL CORAZÓN: MENSAJE 24
Incrementa tu confianza ahora, con la luz del verano,
y fortalécela para que perdure durante el otoño y el invierno.
«Soy femenina, fuerte, tierna y compasiva»
Repite esta frase a menudo y cree en ella.

### FASE DEL CORAZÓN: MENSAJE 25
Siente la tierra que te rodea,
el calor de la luz del sol,
la sensualidad de la brisa,
el delicado roce de la lluvia estival;
son tu vestido y tu manto,
envuélvete en ellos en tu caminar por la vida.

### FASE DEL CORAZÓN: MENSAJE 26

Mira a tu alrededor: ¿por qué cosas te sientes agradecida?
Deja que la gratitud sustente tus acciones y pensamientos,
y la Diosa las multiplicará en tu vida.

### FASE DEL CORAZÓN: MENSAJE 27

Conecta con tu energía nutricia.
Te hallas en un momento especial
en el que tu corazón puede contener el mundo entero.

### FASE DEL CORAZÓN: MENSAJE 28

Emplea tus dotes comunicativas únicas
y tu capacidad de escuchar con atención.
Dedica tiempo a los otros, habla y escucha desde el corazón,
sana las heridas y aclara los malentendidos.
La Diosa se vale de ti para sanar a otras personas
y de ellas para sanarte a ti.
Ábrete a esta bella oportunidad.

**FASE DEL CORAZÓN: MENSAJE 29**
Conecta con la ternura de tu sexualidad;
siente cómo sus cualidades acogedoras y envolventes
te cubren cual delicado chal.
Toca dulcemente, nutre con tus besos
y abraza con el corazón abierto.
Ofrece el amor profundo de la Diosa.

**FASE DEL CORAZÓN: MENSAJE 30**
La Diosa se halla presente
en el punto de encuentro entre la naturaleza
y tus sentimientos.
La sensación de la suave hierba bajo tus pies
y el roce del viento en tu piel
son oraciones que no necesitan palabras.

**FASE DEL CORAZÓN: MENSAJE 31**
Imagina que en tu cintura pélvica
portas un cuenco dorado de agua cristalina.
Procura hoy no derramar el agua con tus movimientos,
y sentirás de forma natural
la presencia de la Diosa.

### FASE DEL CORAZÓN: MENSAJE 32

Inspira el amor que te brinda la Diosa:
«yo soy Amor».
Espira el amor de la Diosa en todo:
«yo soy».

### FASE DEL CORAZÓN: MENSAJE 33

Recuerda: la paz de la Diosa está aquí y ahora.
Es la marea alta, la luna llena, el punto culminante del verano;
todo está tranquilo, pleno y hermoso,
incluida tú misma.

### FASE DEL CORAZÓN: MENSAJE 34

Regar una semilla para que crezca un árbol
es crear con amor,
mientras que esculpir un árbol de piedra
es crear mediante la fuerza.
Emplea tus capacidades de atención amorosa y comprensión
para crear tu mundo,
y recibirás el apoyo de la Diosa.

### FASE DEL CORAZÓN: MENSAJE 35

El paisaje de nuestra alma es nuestro refugio,
un oasis de paz donde no domina la mente.
Imagina una luna llena sobre un bello paisaje
situado en tu útero.
Visítalo a menudo para restituir
el amor, la magia y la energía.

### FASE DEL CORAZÓN: MENSAJE 36

Eres ya un ser de amor y paz;
enraízate profundamente en la Tierra desde el útero,
sintiendo cómo el amor abre tu corazón y fluye de tus manos.
Traslada esta gracia al mundo.

### FASE DEL CORAZÓN: MENSAJE 37

Mantén la conexión con tu propia luz.
Eres un bello y radiante ser de luz;
eres paz y calma, gracia y belleza,
dulce poder y conciencia amorosa.
Eres la luna llena;
solo has de sentirlo para descubrirlo.

### FASE DEL CORAZÓN: MENSAJE 38

Céntrate en este día:
¿a qué te dedicarás con amor?,
¿qué logra abrir tu corazón?
Nada más necesitas.

### FASE DEL CORAZÓN: MENSAJE 39

El amor se halla en los asuntos cotidianos:
en cada momento, en la tarea simple y en el pequeño acto.
Si necesitas sentir amor, sé pequeña
y la Diosa te encontrará.

### FASE DEL CORAZÓN: MENSAJE 40

Realiza un pequeño regalo de amor mediante el tacto:
toca un brazo o un hombro, toca una mejilla o una mano;
toca para tranquilizar, para mostrar tu interés,
para conceder tu atención,
o para devolver a alguien al momento presente.
Tocar resulta sumamente mágico.

### FASE DEL CORAZÓN: MENSAJE 41

Palpa el universo.
Nota la suavidad de una prenda,
la calidez de una superficie expuesta al sol,
la aspereza de la lengua de un gato y la sedosidad del agua.
Convierte el tacto en una meditación,
en una oración en el cuerpo de la Diosa.

### FASE DEL CORAZÓN: MENSAJE 42

Genera sentimientos pacíficos para sentirte en paz;
genera sentimientos amorosos para sentir el amor.
Crea con tus sentimientos,
y deja que la Diosa se ocupe del mundo físico.
¡Ella se halla presente en Todo!

### FASE DEL CORAZÓN: MENSAJE 43

Para sanarte y crecer en el mundo físico
solicita que la Diosa purifique primero tus energías.
Esto facilitará su intervención en los otros niveles de tu ser.

### FASE DEL CORAZÓN: MENSAJE 44

La Diosa te envuelve en su profundo amor maternal;
siente su energía en tu interior irradiando en el mundo físico
a través del corazón y las manos.

### FASE DEL CORAZÓN: MENSAJE 45

La Diosa se deleita en concederte las energías
que más deseas para ti.
Como los pasteles, la energía se presenta de muchas maneras:
como amor, paz, belleza, feminidad, poder,
gracia, abundancia y confianza.
Escoge los sabores y glaseados que prefieras, y pruébalos.

### FASE DEL CORAZÓN: MENSAJE 46

Cuando rebosamos amor, nos sentimos plenas
y somos capaces de ofrecer nuestra compasión
y empatía a los otros.
Ábrete al amor y permite que la Diosa te colme.

### FASE DEL CORAZÓN: MENSAJE 47

Siéntate un instante, abre todos los postigos,
y deja que penetren la luz y el calor del verano.
Siéntete plena y dispuesta a salir al mundo.

### FASE DEL CORAZÓN: MENSAJE 48
Si miramos el mundo con gafas de cristal azul,
lo vemos azul,
mientras que si el cristal es rosa, el mundo aparece de ese
color ante nuestros ojos.
Solo si cerramos los ojos y palpamos el mundo con las manos
conocemos su verdadera forma.
La Diosa desea que cierres los ojos de la mente
y sientas con el corazón.

### FASE DEL CORAZÓN: MENSAJE 49
Basta con enumerar las cosas que amas
para sentir amor:
crear amor es así de sencillo.

### FASE DEL CORAZÓN: MENSAJE 50
El corazón te da lo que amas;
siente amor pensando en las cosas que amas,
y deja que tu corazón las atraiga a ti.
Crea tu vida desde el corazón.

### FASE DEL CORAZÓN: MENSAJE 51

Imagina que llevas en tu corazón
un delicado cuenco de cristal rebosante de amor líquido;
hoy muévete suavemente,
consciente del amor y la aceptación que irradia tu cuenco.
Custodiarlo de este modo hará que lo tengas presente.

### FASE DE LA ACCIÓN: MENSAJE 52

Cada aspecto maravilloso de tu vida, grande o pequeño,
se ha gestado en el útero de la Diosa.
¿Qué deseas que origine su abundancia?

### FASE DE LA ACCIÓN: MENSAJE 53

Cuando sentimos verdadero amor
—un amor que brota del alma y de los cimientos
de nuestro ser—
la Diosa solo puede darnos aquello que amamos.

### FASE DEL CORAZÓN: MENSAJE 54

Observa los aspectos positivos de tu pareja, parientes,
amigos y las personas que te rodean;
céntrate en lo bueno.
La Diosa podrá ver lo que deseas
y lo expresará más en tu vida.

### FASE DEL CORAZÓN: MENSAJE 55
Siente el verano con el corazón,
la tierra bajo tus pies,
el perfume del aire y la luz del sol en tu rostro.
Toca una hoja o una flor, consciente de que tus sentidos
cantan con dulce asombro ante la belleza del mundo.
Recuerda: tú también formas parte de este mundo maravilloso.

### FASE DEL CORAZÓN: MENSAJE 56
Mira a tu alrededor: ¿qué te aporta felicidad?
Genera sentimientos de dicha
siendo consciente de lo que te hace feliz.
De este modo, el descenso que se avecina
por la oscuridad del laberinto
te resultará un recorrido gozoso.

### FASE DEL CORAZÓN: MENSAJE 57
Actúa cuidadosamente:
doblar la ropa, guardar la taza del desayuno, regar las plantas,
sacar la basura, lavarte el pelo…, realízalo todo con cariño.
Cada acción diligente es una tierna caricia a la Diosa.

### FASE DEL CORAZÓN: MENSAJE 58

La Diosa se halla presente en nuestra sensualidad.
Expresa tu feminidad, tierna y sensual,
usando suaves tejidos, embriagadoras fragancias
e incluso luciendo flores en el cabello.

### FASE DEL CORAZÓN: MENSAJE 59

Escucha profundamente tu corazón y podrás oír
la voz de la Diosa
animándote y confiando en ti.
Ahora, haz lo mismo por otras personas.

### FASE DEL CORAZÓN: MENSAJE 60

Lo divino está presente en los sentimientos
y en las conexiones, en amar y en cuidar.
Cada caricia, cada muestra de apoyo, cada expresión de amor
es una oración que te conecta con la Diosa.
Tiende la mano a otras personas,
y siente cómo ella fluye a través de ti.

### FASE DEL CORAZÓN: MENSAJE 61

Cada favor que recibes
es un regalo de la Diosa;
siéntete agradecida
y considéralo parte de la maravillosa abundancia
que habéis creado juntas.

### FASE DEL CORAZÓN: MENSAJE 62

Nutre y cuida a tu familia y amigos;
deja que crezcan y florezcan en el jardín de tu útero.
Riégalos con amor y disfruta de las flores junto con la Diosa.

### FASE DEL CORAZÓN: MENSAJE 63

Las energías del corazón cambiarán pronto.
¿Hacia dónde dirigirás los dones del amor, la compasión
y la acción amorosa?
¿Qué pequeño gesto puedes hacer ahora mismo
para conectarte con el más profundo amor de la Diosa?

**Fase del corazón: mensaje 64**
Rodeada de luz estival,
puede resultarte duro darte la vuelta
para dar los primeros pasos
hacia la oscuridad del laberinto.
Pero el otoño trae
sus propios dones mágicos y sensuales frutos.
Disfruta del verano, da la bienvenida al otoño.

# Fase de la Revelación: la mente subconsciente

### Fase de la revelación: mensaje 1

Caminando de la mano de la Diosa, entra en el otoño;
deja atrás las actividades al aire libre, permite que
se desprendan tus hojas,
y siéntete llena de mágicas expectativas.

### Fase de la revelación: mensaje 2

Nuestra conciencia cambia y fluye.
Déjate llevar por la corriente y acoge con alegría
las inspiradoras energías de la luna menguante,
el abandono y la entrega de la bajamar,
y la magia del otoño.
Lo mágico te atraviesa, te rodea y te llena
de creatividad inspirada y fuego apasionado.
¡Danza desinhibida con la Diosa!

### Fase de la revelación: mensaje 3

Reconoce que tu energía está disminuyendo;
aprovecha el momento para establecer tus prioridades
y volver hacia dentro de nuevo.
Deja que la Diosa se ocupe de tus sueños,
proyectos y objetivos.

### FASE DE LA REVELACIÓN: MENSAJE 4

Cuando te adentras en la oscuridad del laberinto
sabiendo que la Diosa te acompaña, no necesitas ser perfecta:
sabes que eres válida y digna de amor y respeto.
Todo lo que haces y el modo en que lo haces
está bien a los ojos de la Diosa,
y constituye una bella expresión de quien eres.

☽

### FASE DE LA REVELACIÓN: MENSAJE 5

La Diosa te creó amorosamente,
otorgándote talentos y habilidades variables;
acepta las aptitudes de esta fase, descúbrelas, apasiónate,
enamórate de ellas,
y te enamorarás de ti misma.

☽

### FASE DE LA REVELACIÓN: MENSAJE 6

La Diosa te creó con amor y belleza,
y te otorgó los dones del poder y la fuerza.
Realmente te mereces su amor y su magia.

☽

### FASE DE LA REVELACIÓN: MENSAJE 7

Relájate, afloja tus resistencias, ¡la Diosa sabe lo que hace!
Te ama con sus infinitos recursos.
Todo es amor, todo es bueno, incluyéndote a ti.
No puedes ser otra cosa.

### FASE DE LA REVELACIÓN: MENSAJE 8

Detente un minuto, aquí y ahora,
en el templo del momento presente.
Todo lo demás es ilusión, una historia que nos contamos
a nosotras mismas.
Permanece en el instante y sentirás la magia,
la trama de la vida, y a la Diosa,
y ella te mostrará la verdad.

☾

### FASE DE LA REVELACIÓN: MENSAJE 9

¡Cuentas con el permiso de la Diosa
para ser apasionada, salvaje e instintiva!
Así es cómo ha dispuesto que seas en *este preciso momento*.
Cuando amas este aspecto de ti misma
y te permites expresarlo,
ya no necesitas enfrentarte al mundo.

☾

### FASE DE LA REVELACIÓN: MENSAJE 10

La Diosa aguarda para prestarte su ayuda en el laberinto;
cuéntale tus problemas solicitándole orientación,
y después suéltalos.
Ella te responderá por medio de la inspiración y la intuición,
¡y te aportará sabiduría de los modos más extraños y salvajes!

### FASE DE LA REVELACIÓN: MENSAJE 11

La Diosa te estrecha entre sus brazos:
estás a salvo siendo mujer.
Advierte que ella protege tu feminidad,
la confirma y fortalece.
Ella ama tu expresión femenina única.

☾

### FASE DE LA REVELACIÓN: MENSAJE 12

La Diosa te ama tal cual eres;
no necesitas hacer
o ser nada especial para demostrar tu valía.
No necesitas ser «buena». Nada te falta.
Imagínate cómo sería sentirse así, y contempla cómo cambia
tu mundo.

☾

### FASE DE LA REVELACIÓN: MENSAJE 13

La Diosa es la compañera de la vida
que siempre se muestra positiva contigo,
te acepta, se interesa por ti, te apoya,
y desea compartir la creación
de todo lo que amas y deseas.
¿Por qué habrías de creer a nadie más?

### FASE DE LA REVELACIÓN: MENSAJE 14
Cuando creas junto con la Diosa,
la belleza y el amor te confieren poder, control y fortaleza.
Mientras otras personas se aferran a un tronco y flotan
a merced de las olas,
*tú* navegas en la barca divina con velas impulsadas
por el viento,
controlando tu rumbo vital,
que consiste en dar la vuelta ¡para rescatar a los náufragos!

### FASE DE LA REVELACIÓN: MENSAJE 15
Eres un ser que irradia amor y belleza;
recuerda mantenerte centrada cuando la oscuridad
se cierna sobre ti,
y la Diosa te ofrecerá su linterna de amor y belleza.

### FASE DE LA REVELACIÓN: MENSAJE 16
Afloja tus resistencias,
todo va bien.
¡Realmente, todo marcha bien!
La Diosa se ocupará de que así sea.
Afloja tus resistencias.

### FASE DE LA REVELACIÓN: MENSAJE 17

Entrando en una librería, leyendo una revista,
escuchando música o viendo una película
hallarás los consejos y el amor de la Diosa.

### FASE DE LA REVELACIÓN: MENSAJE 18

¡Resulta tan grato conectar internamente con la Diosa!
Realiza algo que te haga sentir bien y conectarás con ella.
Atender nuestras necesidades es una forma de contactar
con lo divino.
¿Qué necesitas hoy?

### FASE DE LA REVELACIÓN: MENSAJE 19

Ríndete, ríndete, ríndete.
Entrégate a la Diosa poco a poco;
no lo dudes: todo saldrá bien.
Los brazos de la Diosa te sostienen y protegen.

### FASE DE LA REVELACIÓN: MENSAJE 20

La presencia de la Diosa te rodea por todas partes:
su presencia es amor.
La presencia de la Diosa te rodea por todas partes:
su presencia es paz.
La presencia de la Diosa te rodea por todas partes:
su presencia es fuerza.

### FASE DE LA REVELACIÓN: MENSAJE 21

¿Cómo te sentirías si hoy fuera un día festivo?
Dispondrías de todo el tiempo del mundo, sin presiones
ni *obligaciones*, *decidiendo* tú en qué ocuparlo.
La Diosa desea que conviertas este día
en una festividad sagrada.

### FASE DE LA REVELACIÓN: MENSAJE 22

La Diosa te rodea con su amor, apoyo,
energía, fortaleza, aceptación y sabiduría.
Todo lo que necesitas está presente ahora mismo.
Despójate de tu coraza y, al inspirar, deja que sus dones
penetren en tu útero.

### FASE DE LA REVELACIÓN: MENSAJE 23

No «tienes» que hacer nada en la oscuridad creciente;
date un respiro, relájate, conversa con la Diosa.
¿Qué «eliges» hacer? ¿Qué puedes
delegar en otras personas?
¿Qué proyectos puedes posponer hasta la primavera?

### FASE DE LA REVELACIÓN: MENSAJE 24

Tú perteneces: aquí y ahora.
Perteneces a la Tierra, perteneces a la Diosa.
Eres tu verdadero hogar.

### FASE DE LA REVELACIÓN: MENSAJE 25
Acoge la tierna fortaleza de la Diosa
que protege tu niña interior;
siente cómo su calidez te envuelve como una manta,
manteniéndote a salvo.
¿A qué vas a dedicarte hoy?

### FASE DE LA REVELACIÓN: MENSAJE 26
Nuestra imaginación procede de la Diosa: ¡empléala bien!
Crea magia, leyendas, danzas salvajes y rituales
bajo las estrellas.
Conecta con la magia de la tierra que te rodea,
y contacta con tus ancestros, los espíritus animales
y la Diosa.

### FASE DE LA REVELACIÓN: MENSAJE 27
¡La Diosa nos concede energías creativas
y un vehemente deseo de manifestarlas!
¡Exprésalas, deja que fluyan, que se vuelvan salvajes!
¿Te sientes frustrada?
¡Crea!

### FASE DE LA REVELACIÓN: MENSAJE 28
No trates de arreglar o cambiar el mundo o a ti misma,
pues esa actitud procede de la falta de amor;
en vez de eso, alimenta, sueña y ama
una nueva expresión del mundo.
Ya actuarás más tarde.

### FASE DE LA REVELACIÓN: MENSAJE 29
El estrés te muestra que estás oponiendo resistencia.
Es una señal en el camino
sobre algún aspecto de ti que no está en armonía con las
necesidades de tu alma.
Profundiza en este mensaje para hallar la verdad que encierra
el corazón del laberinto.

### FASE DE LA REVELACIÓN: MENSAJE 30
El cansancio y el estrés indican
que estás impidiendo la presencia de la Diosa;
relájate, abandona tus resistencias, entrégate a ella.
Sé una esponja impregnada de su energía.

### FASE DE LA REVELACIÓN: MENSAJE 31

No puede remplazarse al amor actuando, organizando,
despejando o arreglando.
Primero, ábrete para recibir el amor de la Diosa,
y después actúa.

### FASE DE LA REVELACIÓN: MENSAJE 32

¿Te sientes bien en este instante?
¿Y qué tal ahora?
Todo está bien en el momento presente,
y en esa sensación de bienestar
sentimos la presencia amorosa de la Diosa.

### FASE DE LA REVELACIÓN: MENSAJE 33

Un árbol torcido por el viento
es igualmente bello y digno de amor.
Esto es aplicable a nosotras:
no importa cómo nos haya moldeado la vida,
la Diosa ve nuestra belleza y nos ama.

### FASE DE LA REVELACIÓN: MENSAJE 34

No estamos solas con nuestros problemas y preocupaciones;
ofréceselos a la Diosa,
pidiéndole que te releve
y acarree la carga de tus expectativas sobre el futuro.
Te sientes mucho más ligera y eres más «tú misma»
¡cuando ella porta tu fardo!

### FASE DE LA REVELACIÓN: MENSAJE 35

Siente una emoción negativa y pregúntate:
«¿cuál es su causa?»
Penetra en la respuesta y toma conciencia de lo que te falta.
La sensación de carencia es un poderoso mensaje de la Diosa
sobre tus verdaderos deseos.
Imagina a alguien que posea aquello que anhelas
y cuéntale a la Diosa de qué se trata.
¿Sientes tu corazón abierto?, ¿sientes esperanza?,
¿amor?, ¿bienestar?
Nuestras carencias nos conectan
con los anhelos de nuestra alma.

### FASE DE LA REVELACIÓN: MENSAJE 36

Establece una línea de conexión energética
desde tu coronilla hasta los pies,
que se adentre profundamente en la Tierra
y aspire tus energías dispersas hacia el centro de tu ser.
Ya vuelves a experimentar la plenitud y la fortaleza.
¡Bienvenida a ti misma!

☾

### FASE DE LA REVELACIÓN: MENSAJE 37

No hay ninguna prisa, permanece en el momento presente.
La Diosa desea que te detengas y te adentres en tu interior
para encontrarla allí, sonriéndote.

☾

### FASE DE LA REVELACIÓN: MENSAJE 38

Tómatelo con calma, respira profundamente;
todo sucederá a su debido tiempo.
En este momento, ¿qué sientes en tu corazón
que es importante?
La Diosa te mostrará allí cuáles son tus verdaderas
necesidades y prioridades.

### FASE DE REVELACIÓN: MENSAJE 39

¿Qué sientes que «deberías» estar haciendo?
La Diosa nunca nos impone ningún «deberías»,
solo sugiere «podrías».
El ámbito de lo «posible» la activa
y atrae el poder de su magia.

### FASE DE LA REVELACIÓN: MENSAJE 40

¿A quién escuchas?
¿A otras personas, a tus expectativas, a tus pensamientos?
Todos ellos son bonitos ejemplos
de nuestra asombrosa capacidad creativa de
contarnos historias;
de modo que haz caso omiso de las narraciones pesimistas,
y crea tu mundo
con episodios positivos de poder, fortaleza, amor y belleza.

### FASE DE LA REVELACIÓN: MENSAJE 41

Haz que este día sea un momento feliz de tu vida,
y comunica a la Diosa que hoy es un día dichoso.
La felicidad fluye de ti a la Diosa,
y de ella a ti.
Ella te ama y cree en ti.

### FASE DE LA REVELACIÓN: MENSAJE 42

La Diosa reafirma tu feminidad
abriéndote el corazón y el útero.

☾

### FASE DE LA REVELACIÓN: MENSAJE 43

Tu cuerpo es hermoso, atractivo, poderoso, encantador,
y está rebosante de deseos divinos.
Expresa tus energías sexuales:
son bellas, indómitas y sagradas.

☾

### FASE DE LA REVELACIÓN: MENSAJE 44

Tu cuerpo es la puerta de acceso a lo divino;
permanece presente en él, en el mundo, en este instante.
Realiza cada movimiento llena de gracia,
reconociendo y creando tu unidad con la Diosa.

☾

### FASE DE LA REVELACIÓN: MENSAJE 45

Cuando nos hallamos a oscuras, solo nos atrevemos a confiar
verdaderamente en alguien cuando lo conocemos bien.
Familiarízate más con la Diosa, permanece con ella
y vive en su presencia.
De este modo, confiarás en ella en la oscuridad.

### FASE DE LA REVELACIÓN: MENSAJE 46
Hay una tenue voz en tu corazón
que te habla de tus necesidades y anhelos verdaderos;
tómate un minuto para escucharla,
y pregúntale qué podrías hacer ahora mismo
para atenderlos mejor.
Se trata de la voz de la Diosa velando por ti.

### FASE DE LA REVELACIÓN: MENSAJE 47
La Diosa ama y acepta quién eres.
Cuando contemplas el mundo con amor ocurre un milagro:
ves a la Diosa devolviéndote la mirada también con amor.

### FASE DE LA REVELACIÓN: MENSAJE 48
Deshazte de lo viejo, lo improductivo,
lo que te limita o ha quedado obsoleto,
y la Diosa llenará el espacio vacío
con nuevas energías maravillosas.

### FASE DE LA REVELACIÓN: MENSAJE 49
Esta fase es un magnífico regalo
de inspiración salvaje, sexualidad y magia.
Danza hacia la oscuridad con la Diosa;
si te entregas a ella, te mostrará el camino.

### FASE DE LA REVELACIÓN: MENSAJE 50

El camino descendente del laberinto te ofrece dones
de inspiración e intuición creativa.
Contempla y siente las pautas que rigen el mundo,
la sabiduría que encierran, y la mano de la Diosa en todo ello.

☾

### FASE DE LA REVELACIÓN: MENSAJE 51

¿Hay algo que te resulte tan grande, tan abrumador
que no te sientas capaz de cambiarlo por ti misma?
Solicita a la Diosa que lo transforme por ti:
su magia está esperándote.

☾

### FASE DE LA REVELACIÓN: MENSAJE 52

Ofrece un poco de ti misma, de tu tiempo,
de tu amor y atención,
incluso en el camino descendente,
y la Diosa te hará sentir más ligera.
Para confiar en que la Diosa cuidará de ti,
simplemente *da*.

☾

### FASE DE LA REVELACIÓN: MENSAJE 53

La magia te rodea hoy.
La Diosa tejerá para ti tres magníficos regalos
—tiernos e insospechados— en el telar de la vida.
Permanece atenta para descubrirlos.

### FASE DE LA REVELACIÓN: MENSAJE 54

Acurrúcate y sueña despierta:
sueña tu futuro, sueña tus deseos, sueña tu felicidad.
Soñar hoy es cocrear con la Diosa.
No hay diferencia entre el ahora y el futuro;
¡en este momento estás sintiendo la felicidad venidera!

☾

### FASE DE LA REVELACIÓN: MENSAJE 55

El sentimiento de vacío, los pensamientos limitadores, las
emociones negativas se desvanecen con la paz, la plenitud
y la presencia de la Diosa cuando actúas *con amor*.

☾

### FASE DE LA REVELACIÓN: MENSAJE 56

Realiza una actividad sencilla con esmero y amor;
luego entrégate a otra tarea con esa misma disposición,
y a otra más. ¿Te sientes mejor?
Para transitar el camino interior de la luna menguante
equípate con amor y dedicación.

☾

### FASE DE LA REVELACIÓN: MENSAJE 57

Deja de luchar, de perseguir objetivos;
deja de defenderte, de buscar y de querer ser perfecta.
La mujer hermosa, delicada, radiante, tierna
y pacífica que se halla bajo esa actitud de «esfuerzo»
es la pareja de baile de la Diosa.

### FASE DE LA REVELACIÓN: MENSAJE 58

Siempre que te sientas separada, carente o dispersa:
vacíate.
Reintegra de nuevo tu alma,
y deja que llene todos tus espacios internos.
Siéntete plena,
y lleva tu plenitud al mundo.

### FASE DE LA REVELACIÓN: MENSAJE 59

Cuando sentimos la plenitud de nuestra alma,
los estados de ánimo
son como ondas en la superficie de un profundo océano.
Abre el útero a tu alma
y solicita que la Diosa de las almas la restituya.

### FASE DE LA REVELACIÓN: MENSAJE 60

Cada pensamiento o sentimiento negativo es un mensaje
que te incita a abrirte a la Diosa.
Relájate; deja que la energía de la Diosa fluya a través de ti
sanándote, inspirándote, colmándote.

### FASE DE LA REVELACIÓN: MENSAJE 61
Abandónate a la oscuridad.
La Diosa nos llama desde las profundidades
para que soltemos todo lo que no queremos ni necesitamos,
nos regalemos ternura y nos nutramos.

### FASE DE LA REVELACIÓN: MENSAJE 62
Es el momento de desprenderse de lo viejo
y dejar espacio para que fluyan nuevas energías.
Hazlo desde un sentimiento de amor y relajación,
y la Diosa llenará todos los huecos con amor.
¡Incluso los armarios de la cocina!

### FASE DE LA REVELACIÓN: MENSAJE 63
La Diosa te desea una vida fácil,
rodeada de personas que te aprecien y apoyen,
y con todo el tiempo y recursos que necesites.
Detente, relájate, ¡no trates de forzar que ocurra!
En vez de eso, fíjate en los pequeños detalles que indican que
ya está sucediendo.

### FASE DE LA REVELACIÓN: MENSAJE 64
A la Diosa le encanta entrar y llenar.
¿Qué has de vaciar en ti para ser colmada?
¿En qué faceta de tu vida hace falta crear espacio
para que penetre la Diosa?
¿Dónde puedes hacer un hueco en tus sueños
para que la Diosa los complete?

☾

### FASE DE LA REVELACIÓN: MENSAJE 65
Reúnete con la Diosa al aire libre;
siéntate y, formando un cuenco con tus manos,
expresa lo siguiente:
«Diosa, he creado este espacio para que lo ocupes con...»
Termina la frase con tus propias palabras y deja que la Diosa
llene tu vida.

☾

### FASE DE LA REVELACIÓN: MENSAJE 66
Mira a tu alrededor: ¿tu entorno presenta un aspecto
ordenado o caótico?
La desorganización tiene que ver con el pasado;
a la Diosa le encanta hacer limpieza general,
pues le permite crear el mejor de los futuros para ti.
Coge el trapo, ofrécele a ella el delantal,
y disfrutad ordenando juntas.

**FASE DE LA REVELACIÓN: MENSAJE 67**
Cuando percibas que una cosa te desagrada, detente
y mira a tu alrededor
para descubrir algo que sí te guste
o alguien a quien desearías parecerte.
Céntrate en tus *gustos*, no en tus *aversiones*,
y sentirás que la Diosa
te colma de sentimientos de amor y aceptación.

**FASE DE LA REVELACIÓN: MENSAJE 68**
Tu ira y frustración son mensajes que apuntan a la falta
de conexión con la Diosa y a que tu vida no está impulsada
por el amor.
Concentrarte en tus sueños y esperanzas derriba tus barreras,
te reconecta con la amorosa Diosa,
y te permite actuar desde su amor.

**FASE DE LA REVELACIÓN: MENSAJE 69**
Saber lo que no deseas
es una magnífica forma de descubrir
lo que anhelas de verdad.
Reflexiona sobre esto,
y tenlo presente durante el período de
introspección invernal,
antes de actuar con el retorno de la luz.

### FASE DE LA REVELACIÓN: MENSAJE 70

Todo el amor, aprobación y valía que puedas desear
se hallan en la Diosa;
detente, relájate, y ella entrará en ti.
Ahora que ya te sientes amada, aceptada y valiosa,
¿qué puedes ofrecer al mundo?

### FASE DE LA REVELACIÓN: MENSAJE 71

En la creciente oscuridad, a veces solo te hace falta saber que
la Diosa te ama y que todo va bien.
Eres amada.
Todo marcha bien.

### FASE DE LA REVELACIÓN: MENSAJE 72

Revisa los pasos que has dado para lograr tus sueños y metas:
¿en qué aspectos has estado trabajando con la Diosa?
¿Dónde se ha interrumpido la conexión?
¿En qué puntos has estorbado a la Diosa o te has perdido?

### FASE DE LA REVELACIÓN: MENSAJE 73
En otoño podamos las ramas de los árboles,
barremos las hojas del suelo,
y dejamos que la naturaleza se renueve a su debido tiempo.
Esto es también aplicable a nuestros sueños
y metas en esta fase.

☾

### FASE DE LA REVELACIÓN: MENSAJE 74
Para motivarte a actuar,
la Diosa desea que te cuides y atiendas tus necesidades;
de este modo, contarás con la fuerza necesaria para ocuparte
de lo importante.

☾

### FASE DE LA REVELACIÓN: MENSAJE 75
La presencia de la Diosa se halla en lo salvaje
y en toda inspiración y manifestación espiritual;
cada idea, ritual o expresión liberadora
es una oración que te conecta con la Diosa.

☾

### FASE DE LA REVELACIÓN: MENSAJE 76
Dedica un tiempo a nutrirte.
Sé dulce: exprésate y actúa con dulzura;
ello muestra que te amas a ti misma.

### FASE DE LA REVELACIÓN: MENSAJE 77

En presencia de la Diosa estás completa,
te sientes plena y feliz.
Aunque tus sentimientos e historias mentales no modifican
este hecho, sí pueden distraerte.
Vive conscientemente el momento presente
para mantener viva esta verdad.

☾

### FASE DE LA REVELACIÓN: MENSAJE 78

Eres hermosa y rebosas capacidad de amar;
tan solo has de aceptarlo.
Camina consciente de tu fuerza interior,
con los hombros relajados,
la espalda erguida y la cabeza elevada.
Cólmate de poder femenino
y contempla cómo el mundo penetra en tu corazón.

☾

### FASE DE LA REVELACIÓN: MENSAJE 79

En ocasiones nuestro Ser se extravía;
a veces nos olvidamos de lo hermosas que somos,
de toda la fuerza y amor que poseemos.
Recuérdate a ti misma: «yo soy yo»,
y la Diosa te devolverá reflejada tu imagen más bella.

### FASE DE LA REVELACIÓN: MENSAJE 80
Cuando te relajas para entablar
una tierna relación con la Diosa,
tu feminidad interna se activa llena de poder
y radiante belleza, confianza y amor;
pero no puedes *forzar* que esto suceda, la clave es
simplemente... relajarse.

☾

### FASE DE LA REVELACIÓN: MENSAJE 81
Disfruta de tu transitar por la oscuridad:
eres atractiva, mágica y hechicera.
¡Sal al mundo a encantar y hechizar!

☾

### FASE DE LA REVELACIÓN: MENSAJE 82
La Diosa irradia felicidad en todo;
accede a esa felicidad ahora, simplemente ábrete a ella,
y deja que fluya en ti y te colme.
¿Ves cómo sonríes ante este pensamiento positivo?

☾

### FASE DE LA REVELACIÓN: MENSAJE 83
Todo lo que dices o sientes durante este viaje por el laberinto
es un reflejo de una necesidad interna insatisfecha.
Considera estos mensajes como una guía
hacia el autofortalecimiento y la armonía.

### FASE DE LA REVELACIÓN: MENSAJE 84
Disfruta del poder mágico
de la visión profunda y la transformación
propias de esta fase
antes de que cambien tu nivel de conciencia y tus energías,
y descanses en la oscuridad del invierno.

### FASE DE LA REVELACIÓN: MENSAJE 85
Permite que la intuición y la inspiración te guíen,
pues son la apasionada voz de la Diosa del otoño llamándote.
Disfruta del otoño para que puedas dar la bienvenida al
invierno.

### FASE DE LA REVELACIÓN: MENSAJE 86
Aunque la oscuridad puede parecer estremecedora,
cuando sabes que posees lo que necesitas,
todo te parece bien, incluso el camino
hacia las profundidades del laberinto.
La Diosa te ha dado todo lo que necesitas.

# FASE DEL SER:
# LA MENTE DEL ALMA

### FASE DEL SER: MENSAJE 1

Nuestra conciencia cambia y fluye;
abandónate a la corriente y abraza con alegría
la oscuridad de la luna,
la quietud de la marea baja y la paz del invierno.
El descanso invernal permite que la Diosa
renueve tus energías,
te guíe mediante profundas percepciones,
te abrace con su presencia,
y origine en ti nueva luz y energía.

### FASE DEL SER: MENSAJE 2

Cuando te entregas al invierno de tus ciclos,
la Diosa agita su varita mágica y, de anciana sabia,
te convierte una vez más en dinámica doncella
el mes siguiente.
Déjale utilizar su magia.

### FASE DEL SER: MENSAJE 3

Tu estado natural ahora es la dulzura, simplemente ser.
Disfruta de estos momentos tan bellos.

### FASE DEL SER: MENSAJE 4

Tienes permiso para asomarte por la ventana
y sentarte sin hacer nada:
tan solo disfrutar de un estado de unidad con la Diosa.

### FASE DEL SER: MENSAJE 5

La Diosa es cíclica;
es el ciclo de las estaciones, de la luna y las mareas,
de los planetas y los sistemas solares,
de las estrellas y las galaxias.
Tu ciclo también forma parte de esta armonía cósmica:
reconoce y abraza tu conexión con las estrellas.

### FASE DEL SER: MENSAJE 6

Detente en la oscuridad;
en lo profundo de ti mora una voz de sabiduría.
Solo si te detienes, podrás sentirla en el latido del corazón
y en tu misma sangre.

### FASE DEL SER: MENSAJE 7

La Diosa desea que te despojes de todo;
abandona en la oscuridad invernal tu vieja identidad,
tu equipaje emocional y ego porque
no son tan valiosos como para aferrarse a ellos.
Abandónalos y renace.

### FASE EL SER: MENSAJE 8

La Diosa te ha concedido el bello regalo
del perdón para ti misma y para los demás.
¿Qué sentido tiene cargar con las heridas y el dolor de un
ciclo tras otro?
¿Por qué molestarse en avanzar con ello a cuestas,
sabiendo que ahora mismo puedes dejar que se desvanezca?

### FASE DEL SER: MENSAJE 9

¿De qué deseas desprenderte?
¿Cuál es esa carga que estás cansada de transportar?
Abandónala con tu menstruación
en el corazón del laberinto,
y todo irá bien.

### FASE DEL SER: MENSAJE 10

En esta fase te transformarás cual crisálida;
advierte que en este tiempo del útero,
posees el poder mágico del cambio.
La Diosa creará tus alas en el caldero uterino,
¿cuáles serán sus colores?

### FASE DEL SER: MENSAJE 11

¿Cuál es la verdad que intuyes en lo más íntimo de ti?, ¿en la
oscuridad del centro del laberinto?
¿Cuál es tu propósito vital? ¿Cuáles son tus talentos?
¿Qué te pide la Diosa que hagas con tu vida?

### FASE DEL SER: MENSAJE 12

Inmersa en la oscuridad, deja que vaya apareciendo el camino;
al relajarnos, recibimos y atraemos lo que necesitamos.
La Diosa percibe que estamos
abiertas y se cubren nuestras necesidades.

### FASE DEL SER: MENSAJE 13

Deja de buscar.
Ya estás ahí,
en el centro del laberinto,
en el centro de tu ser.

### FASE DEL SER: MENSAJE 14

En la amorosa oscuridad, la Diosa te otorga la capacidad
de renovar la fuerza y la confianza.
Para recibirla, simplemente sé.
Nada del mundo exterior es más importante.

### FASE DEL SER: MENSAJE 15

Olvídate ahora de lo que los demás esperan de ti;
te hallas descansando en el corazón del laberinto.
Solo la voz de la Diosa importa.

### FASE DEL SER: MENSAJE 16

Retírate en secreto para gozar, a solas,
de la compañía de la Diosa.

### FASE DEL SER: MENSAJE 17

Aunque eres capaz de comprometerte profundamente
y de transformar,
la Diosa te pide un único compromiso:
sigue tu corazón y dedícate a aquello que amas.

### FASE DEL SER: MENSAJE 18

En tu recogimiento, comprométete internamente
a seguir un nuevo rumbo.
Los compromisos que contraemos en la oscuridad,
sacan a la luz dones de la diosa.

### Fase del ser: mensaje 19

No hay diferencia entre tú y la Diosa;
escoge palabras y pensamientos amorosos
y crea en tu nuevo ciclo
un mundo de luz y de amor.

### Fase del ser: mensaje 20

La Diosa está escuchándote.
¿Cómo revelarás tu alma al mundo?

### Fase del ser: mensaje 21

Sella tu compromiso vinculándolo a la Diosa y
mantenlo vivo durante todo el ciclo.
Bendícelo y restablécelo en la quietud de cada fase invernal.

### Fase del ser: mensaje 22

En la quietud, el cansancio, los momentos bajos
o de aburrimiento
siente los hilos de conexión que tejen el mundo,
y solicita ideas, visión profunda y conocimiento.
Pide que se muevan los hilos con los que se cumplirán
tus sueños.

### FASE DEL SER: MENSAJE 23

Extiende los brazos para tocas las estrellas;
siente el latido de la vida en tu corazón,
el amor que está en todas las cosas.
Tú y la Diosa sois una.

### FASE DEL SER: MENSAJE 24

Descansa.
Suelta.
Deja que el mundo continúe girando sin ti:
la Diosa se encarga de él desde hace millones de años.

### FASE DEL SER: MENSAJE 25

Eres parte de la Diosa Universal,
no hay separación entre tú y ella,
porque nada hay ajeno a lo divino.
No existe «ahí fuera», solo «aquí».

### FASE DEL SER: MENSAJE 26

Todo lo que eres, haces, piensas, sientes y dices
forma parte de la Diosa.
Tu presencia la enriquece,
tus pensamientos y emociones la enriquecen,
y ella, a su vez, te enriquece a ti.

### Fase del ser: mensaje 27
Ante la llamada de la oscuridad,
¿qué sucedería si te detuvieras por un día?,
¿perderías algo por hacerlo?
Recuerda que eres la Diosa, eres el universo,
de modo que poco importa dejar de fregar los platos.

### Fase del ser: mensaje 28
La frustración es una llamada de atención para que atiendas
tus necesidades.
Descansa, recógete, aunque sea por un momento,
y serás capaz de amar de nuevo.

### Fase del ser: mensaje 29
El cansancio es una señal de que
has de aflojar tus resistencias, abrirte,
y permitir que la Diosa fluya en tu vida y tu cuerpo.
Sé como una hoja en las aguas de un arroyo,
y deja que la Diosa te transporte al lugar que te corresponde.

### FASE DEL SER: MENSAJE 30

Ocúpate de una tarea cada vez;
deja las planificaciones y las expectativas.
Dedícate a una sola cosa en estos momentos de luna oscura,
y recibirás la ayuda de la Diosa.

### FASE DEL SER: MENSAJE 31

En tu hogar es donde te sientes a salvo, amada,
y aceptada tal y como eres;
la tierra, el planeta, el cielo, los mares son tu casa.
Como mujer, perteneces a todos ellos.

### FASE DEL SER: MENSAJE 32

Toca la Tierra y conecta con ella;
todo va bien.
Así lo sientes en lo profundo de ti.

### FASE DEL SER: MENSAJE 33

La Diosa está en constante transformación,
a la vez que permanece inmutable, igual que tú.
Ama tu naturaleza cambiante
y la conciencia única en el centro de tu ser.

### Fase del ser: mensaje 34

Grita en la oscuridad: «me siento plena»,
y llenarás tu útero con la profundidad de la Diosa,
la belleza de la Tierra, la gracia de un amante,
y la calidez de una sonrisa.

### Fase del ser: mensaje 35

En el centro del laberinto,
la Diosa te formula una impactante pregunta:
«¿qué es lo que realmente deseas?».
Deja que conteste tu alma.
¿Te sorprende su respuesta?

### Fase del ser: mensaje 36

Cuando vives conscientemente, aprecias todas las cosas bellas
que has creado junto con la Diosa.
Cuando vives conscientemente, ves a la Diosa en todo.
Para vivir conscientemente: come, muévete, camina
y exprésate con atención amorosa, dándote cuenta
de todos tus actos.
Hoy te resultará fácil hacerlo.

### FASE DEL SER: MENSAJE 37

En lo más profundo de tu ser,
en ese lugar ajeno a los pensamientos y emociones fugaces,
sabes que eres un ser completo y feliz.

### FASE DEL SER: MENSAJE 38

Desciende buceando y deja atrás las olas de los pensamientos
y las emociones
para descansar en las silenciosas profundidades
de la oscuridad;
regresarás a la superficie a tiempo
para respirar y expresarte en el mundo.
Recuerda siempre en las fases luminosas
que las oscuras profundidades te ayudan a flotar
en el mar de la vida.

### FASE DEL SER: MENSAJE 39

¡Deja de esforzarte en la oscuridad!
Hacerlo, te aleja del momento presente,
y te impide disfrutar de la satisfacción profunda del ahora,
de la alegría de ser,
y de la consciencia de la presencia de la Diosa.

### Fase del ser: mensaje 40

Cualesquiera que sean las presiones externas,
entrégate a la Diosa en el centro del laberinto,
y deja que se ocupe de ti.

### Fase del ser: mensaje 41

Ahora es momento para la introspección,
para sanarte y sentirte amada.
Es momento para la renovación y para recibir orientación;
si no te detienes y te recoges ahora,
te perderás estos momentos maravillosos.

### Fase del ser: mensaje 42

Eres una mujer bella e inimitable,
creada desde el amor, talentosa,
y con un propósito vital único.
La Diosa lo sabe porque eres su creación.
Permanece en silenciosa quietud para comprobarlo.

### Fase del ser: mensaje 43

Cuando te abres a la Diosa y te sientas en su presencia,
hallas paz, sabiduría y respuestas.
Basta con un minuto de relajación
para tocar el rostro de la Diosa en tu interior.

### FASE DEL SER: MENSAJE 44

Aprende a descansar en los brazos de la Diosa,
durante un minuto, todos los días.

### FASE DEL SER: MENSAJE 45

Dispón de un rato para ti
y disfruta de tu tiempo «personal»;
la oscuridad es un regalo de la Diosa.
Siéntete en paz.

### FASE DEL SER: MENSAJE 46

Dedica tus acciones a la Diosa con devoción;
muéstrale tu amor honrando todas sus formas,
pasando tiempo con ella,
y escuchando su voz apacible.
Así, la vida se convierte en un milagro.

### FASE DEL SER: MENSAJE 47

Viviendo en la presencia de la Diosa nos transformamos
de dentro afuera, desde la profundidad de nuestro ser hacia
la luz del mundo.
Ahora, descansa en la oscuridad de la Diosa y cambia.

### Fase del ser: mensaje 48

Ten fe: confía en que la Diosa está transformándote;
siente la emoción de una sorpresa maravillosa.
Afloja tus resistencias y deja que suceda.

### Fase del ser: mensaje 49

En el nivel más profundo del ser
dejamos atrás el hacer, el lograr e incluso el llegar a ser;
nos basta con simplemente ser
y observar la íntima belleza de la vida en cada momento.
Detente y simplemente sé lo que eres, sé la Diosa.

### Fase del ser: mensaje 50

La vida consiste en abrazar lo que es,
en lugar de luchar u oponerse.
Deja de resistirte;
ocúpate de las necesidades de tu mente y tu cuerpo,
y confía en la Diosa.

### Fase del ser: mensaje 51

Los amantes descansan abrazados, tranquilos.
Siéntete de este modo con la Diosa.

### FASE DEL SER: MENSAJE 52

Sentirse «baja» es el modo que tiene la Diosa
de llamar a la puerta
y pedir permiso para entrar;
ábrele el útero y deja que
te llene de amor, felicidad y sensación de unidad.

### FASE DEL SER: MENSAJE 53

¿Qué acciones realizas impulsada por el miedo
en lugar de por el amor y la confianza?
Pídele a la Diosa te aporte sabiduría y comprométete
a actuar desde el amor.
El compromiso es como una subida gradual del nivel del agua
capaz de derribar muros y paredes.

### FASE DEL SER: MENSAJE 54

La presencia de la Diosa se halla
en el silencio y la introspección.
Cada expresión de tu ser, cada momento de silencio,
cada acto introspectivo
es una oración que te conecta con la Diosa.

### Fase del ser: mensaje 55

Disfruta de la sensualidad suave y profunda de la oscuridad,
en la que el sexo es una oración, una fusión
con el amor, con el mundo, con la Diosa en Todo.

### Fase del ser: mensaje 56

Siéntete parte del mundo que te rodea.
Es tan maravilloso estar en casa, ser quien eres,
relajarse sabiendo que todo marcha bien…
Comparte esta sabiduría a través de tu cuerpo, mediante una
relación sexual dulce y sensual.

### Fase del ser: mensaje 57

A veces, la paz y la calma le parecen inútiles al ego;
es una señal para que te abras al amor y dejes que
fluya en tu interior,
aportándote calidez y completándote.
Mira a tu alrededor: ¿qué es lo que amas?
Siente el fluir del amor.

### Fase del ser: mensaje 58

Disfruta y abraza este momento de tranquilidad.
Hoy cuentas con el permiso de la Diosa
para dedicar tiempo a ser feliz.

### FASE DEL SER: MENSAJE 59

Si sabemos que el invierno no es tiempo de siembra,
¿por qué pretendemos desarrollar nuestros proyectos
en esta fase?
Fluye con la estación,
y la Diosa hará que todo florezca en primavera.

### FASE DEL SER: MENSAJE 60

Cuando te sientes relajada, te muestras dulce;
cuando te sientes relajada, puedes amar;
cuando te sientes relajada, todo marcha bien;
cuando te relajas, la Diosa fluye en tu interior
creando tus sueños.
¡Relájate!

### FASE DEL SER: MENSAJE 61

Ahora es el momento de la verdad y el conocimiento interno.
¿De qué has estado escapando y escondiéndote?,
¿qué has estado evitando en ti y en tu vida?
La Diosa te otorga un espejo que refleja tu verdadero ser
con tierno amor y aceptación.

### FASE DEL SER: MENSAJE 62

El conocimiento es un don proveniente de una fe
y confianza profundas;
te protege al afrontar los desafíos,
te aporta paz en medio de la confusión y amor en los
territorios salvajes;
pero has de hallar el tiempo para abrir la caja
y sacar este regalo.
Ahora es el momento.

### FASE DEL SER: MENSAJE 63

Afloja el ritmo, sé la anciana del invierno;
camina, habla y piensa lentamente,
saboreando cada momento;
no has de llegar presurosa a ningún sitio:
ya estás ahí.

### FASE DEL SER: MENSAJE 64

Decide entrar en el siguiente ciclo con conocimiento interno.
Decide confiar, fluir y amar a la Diosa
durante el mes que viene.

### FASE DEL SER: MENSAJE 65

Por unos días se te ha concedido
el don de permanecer en el centro del laberinto;
puedes resistirte y luchar, ignorarlo y reprimirlo,
pero basta una palabra mágica
para hallar allí a la amorosa Diosa:
«vale».

### FASE DEL SER: MENSAJE 66

El recorrido del laberinto es un ciclo periódico.
Puedes disfrutar durante unos días de la belleza del invierno,
porque sabes que llegará la primavera,
y con ella el gozo, la energía, el crecimiento y la risa
de la diosa Manifiesta.

### FASE DEL SER: MENSAJE 67

La oscuridad amorosa te proporciona un refugio del mundo.
En ocasiones resulta duro dejar el útero,
pero la Diosa te acompaña
sosteniendo tu mano en el camino,
ofreciéndote su amor y su fuerza en los desafíos.

## Fase del ser: mensaje 68

Cuando llega el momento de partir,
sigue con entusiasmo el camino que sale de la oscuridad;
disfruta de la senda ascendente con la nueva perspectiva
originada en las profundidades. Cuando te halles inmersa en
el entusiasmo de la acción y el crecimiento,
recuerda ese poder amoroso y profundo del corazón
del laberinto que te sostiene.

# MI ESPIRITUALIDAD NATURAL

Tal vez desees utilizar el espacio que te ofrecemos a continuación para anotar las oraciones, lecturas, actividades y símbolos que te hayan ayudado a conectarte con la amorosa presencia de la Diosa y a expresar tu conexión personal con ella, en cada una de las fases del ciclo.

En el futuro, estas anotaciones te ayudarán, junto con los mensajes, a recordar el modo de danzar con la Diosa y la manera de cambiar poco a poco de estilo de baile.

## FASE DE LA ACCIÓN
Las fechas de mi ciclo:

FASE DEL CORAZÓN
Las fechas de mi ciclo:

## FASE DE LA REVELACIÓN
Las fechas de mi ciclo:

FASE DEL SER
Las fechas de mi ciclo:

# Las 4 fases de la Luna Roja
## Miranda Gray

Nueva edición de *Momentos óptimos de la mujer*.
Si tu corazón femenino clama una relación diaria con la Divinidad
y ello se torna inalcanzable, existe un camino para lograrlo: la
clave para relacionarnos con ella es el ciclo menstrual. Esta obra
aporta una guía diaria en consonancia con tus cuatro fases del
ciclo, y te muestra cómo crear y disfrutar de una grata relación
con la Divinidad a través de cada uno de los días del mes.

# De la misma autora

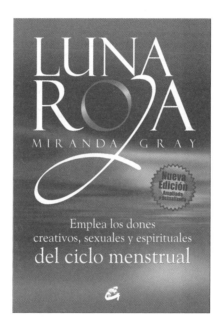

## Luna roja
### Miranda Gray

*Luna roja* ofrece a la mujer moderna una profunda
y clarificadora visión de su naturaleza cíclica y de los dones
y posibilidades que encierra el ciclo menstrual.
Estamos ante una obra desmitificadora, una auténtica
«guía de ritmos femeninos» que enseña a valorar
la realidad femenina y las posibilidades que esta encierra.